Judith Kockelmann

Allergie 2.0 -

Katzenallergie biologisch dekodieren

Ein Handbuch zur Selbsthilfe

Die Deutsche Nationalbibliothek verzeichnet diese Publikation in der Deutschen Nationalbibliografie; detaillierte bibliografische Daten sind im Internet über http://dnb.dnb.de abrufbar.

2. Auflage
© 2019 Judith Kockelmann
Alle Rechte vorbehalten.
Coverfoto, Fotos / Illustrationen im Buch Logo: Judith Kockelmann
Portraitfoto der Autorin: Thomas Leufgen

ISBN: 978-3-748119-78-4
Herstellung und Verlag: BoD – Books on Demand, Norderstedt

"Beim Vorhandensein von Beschwerden nur den Körper zu betrachten, nicht aber die Seele, ist, wie wenn in deinem Auto das rote Warnlämpchen fürs Motoröl leuchtet und du ein Heftpflaster darüber klebst."

- Judith Kockelmann -

**Liebe Leserin,
lieber Leser,**

möchten Sie an Ihrer Katzenallergie arbeiten und sie auflösen? Oder haben Sie ein Kind, das unter Katzenallergie leidet? Sind Sie Therapeut, Arzt, Heilpraktiker oder Gesundheitscoach und auf der Suche nach einem ganzheitlichen Ansatz?

In diesem Buch gebe ich meine Erfahrungen weiter, die ich mit der therapeutischen Methode des Biologischen Dekodierens und der Auflösung von Katzenallergien gemacht habe.

Das Biologische Dekodieren kann ein sehr hilfreicher Weg zur Aktivierung der Selbstheilungskräfte auf körperlicher, geistiger und seelischer Ebene sein.

Die Arbeit mit dem Biologischen Dekodieren ersetzt nicht den Besuch beim Arzt. Ich betrachte das Biologische Dekodieren als komplementäre Ergänzung, mit dessen Hilfe Sie begleitend zu anderen Methoden ganzheitlich an Beschwerden, wie zum Beispiel einer Allergie, arbeiten können.

Bitte beachten Sie, dass von mir (der Autorin) und dem Verlag für eventuelle Nachteile oder unerwünschte Auswirkungen durch die Anwendung der hier im Buch vorgestellten Möglichkeiten und Vorgehensweisen keine

Haftung übernommen werden kann. Ebenso kann selbstverständlich keine Erfolgsgarantie gegeben werden. Rechts- und Schadenersatzansprüche sind daher ausgeschlossen.

Wie Sie, lieber Leser, liebe Leserin mit den Inhalten dieses Buches umgehen, obliegt Ihrer Verantwortung.

Mit besten Grüßen,
Judith Kockelmann

Inhalt

Über Sie, dich und mich

Es freut mich sehr, dass Sie den Weg zu diesem Buch gefunden haben!

Ich bin ein pragmatischer und ein direkter Mensch: Ich liebe klare Worte und bringe Dinge gerne direkt auf den Punkt. Deswegen möchte ich gleich zu Beginn offen und ehrlich mit Ihnen sein:

Dieses Buch ist NICHTS für Sie, wenn Sie darauf hoffen, es einfach zu lesen und dann verschwindet Ihre Allergie. Das Biologische Dekodieren ist für Menschen geeignet, die bereit sind, ihr Leben und ihre Gesundheit in die eigene Hand zu nehmen und aktiv daran mitzuarbeiten.

Ich kann Ihnen natürlich nicht versprechen, dass Ihre Katzenallergie verschwinden wird. Das kann und darf niemand Ihnen versprechen.

Es liegt letzten Endes an Ihnen, was Sie mit den Dingen machen, die Sie in diesem Buch erfahren, was Sie daraus lernen und ob und wie Sie das Erlernte umsetzen.

Ohne erlebten Stress gibt es keinen Grund für eine Abwehrreaktion Ihres Unterbewusstseins gegen etwas Natürliches; gegen Pflanzen oder Tiere, von denen für unser

Überleben eigentlich keine Gefahr ausgeht.

Die Katze ist nicht Ihr Problem, sondern Ihre unbewusste Erinnerung an ein Ereignis.

Grundsätzlich können Sie mit diesem Buch auch an anderen Allergien bezüglich Tieren arbeiten, falls Sie beispielsweise gegen Hunde oder Pferde allergisch reagieren. Auch hier ist nicht das Tier Ihr Problem, sondern die (unbewusste) Erinnerung an ein Ereignis.

Doch dazu später mehr.

Sofern Sie an einer einzigen Allergie leiden – beispielsweise gegen Katzen – so können Sie mit diesem Buch sehr erfolgreich daran arbeiten und die Ursache(n) für Ihre Allergie bestenfalls auflösen.

Wenn Sie unter einem ganzen „Paket" an Allergien leiden – beispielsweise gegen Katzen, aber auch gegen diverse Nahrungsmittel und/ oder Pollen und Gräser – so werden Sie nach der Arbeit mit diesem Buch Ihre Beschwerden mit einem neuen Blick betrachten und anders verstehen. Lassen Sie das, was Sie in diesem Buch lernen, auf sich wirken und schauen Sie, was passiert.

Ich werde jetzt auf das „du" umsteigen, denn schließlich verbringen wir in diesem Buch ja sehr viel Zeit miteinander. Ich hoffe, das ist in Ordnung für dich. ☺

In meiner Tätigkeit als Therapeutin habe ich mich ziemlich bald für das „du" entschieden und auch meine Klienten duzen mich. Das „Sie" fühlte sich in der Zusammenarbeit einfach irgendwie holprig und unpassend an.

Zu dem Zeitpunkt, an dem ich diese Zeilen hier schreibe, habe ich keine Vorstellung davon, wie viele Menschen dieses Buch überhaupt lesen werden...

Was mich zu diesem Buch hier motiviert, mein WARUM für dieses Buch ist, dass sich das Ganze hier gelohnt hat, wenn auch nur EIN einziger Mensch es liest und dadurch seine Allergie dekodiert!

Und dieser eine Mensch kannst DU sein!

In meinem „alten Leben" - wie ich es heute nenne - habe ich nach meinem Abitur und nach meiner Zeit in England an der Universität in Trier Diplom-Pädagogik studiert. Kurz nach Ende meines Studiums, im Alter von 27 Jahren, wurde ich sehr krank: Ende 2008 entwickelte sich bei mir eine schlimme Form von Neurodermitis, die im weiteren Verlauf besonders stark im Gesicht ausgeprägt war. Dazu muss ich erwähnen, dass ich zuvor in meinem Leben nie Probleme mit Ekzemen und Ähnlichem hatte. In meiner Pubertät war ich eher von Akne und fettiger Haut geplagt, nie aber hatte ich Probleme mit trockener Haut.

Zu diesem Zeitpunkt hatte ich mich noch nie in meinem

Leben mit „alternativen" Heilungsansätzen beschäftigt – wenn ich ein gesundheitliches Problem hatte, ging ich ganz klassisch zum Arzt, bekam Tabletten oder etwas anderes und sehr rasch verschwanden meine Symptome.

Bei meiner Neurodermitis funktionierte das nicht mehr.

Bis Ende des Jahres 2011 - also ganze drei Jahre lang - lief ich von einem schulmedizinischem Spezialisten zum nächsten mit dem Ergebnis, dass ich kein Ergebnis bekam.

Im Gegenteil: Die Schmerzen der mittlerweile chronisch offenen Ekzeme in der rechten Armbeuge, an der rechten Halsseite und beidseitig an den Augenlidern, wurden immer unerträglicher! Mein Alltag war massiv eingeschränkt: Mit dem Gesicht, welches ich damals hatte, ging ich über ein Jahr lang kaum noch am Wochenende aus; maximal ins Kino, wobei ich immer erst einige Minuten nach Filmbeginn in den Saal ging. Im Kino ist es dunkel und dort blieben mir die Blicke der Menschen erspart.
Duschen war unmöglich geworden, da ich das Gefühl hatte, dass das Wasser hinter meine Augen läuft. Die Haut an den Augenlidern war komplett aufgerissen und Wasser auf diesen Stellen brannte furchtbar.

NIEMAND konnte mir sagen, woher die Neurodermitis plötzlich kam, was sie auslöst und ob oder wann sie wieder verschwindet.

Für mich war es – gelinde gesagt – sehr deprimierend, dass ich mich mit diesem Schicksal abfinden sollte; Neurodermitis sei nun mal „unheilbar"; man könne Glück haben und sie verschwindet irgendwann von selbst. Man könne aber auch Pech haben und sie verschwindet erst einmal nicht. Ich gehörte laut Schulmedizin anscheinend zur letzten Gruppe. Tolle Aussichten!

Parallel begann ich irgendwann im Laufe dieser drei Jahre alternative Dinge zu probieren: Ich war bei der Akupunktur, war bei zwei Heilpraktikern, las und probierte ALLES, was ich an Tipps bei Neurodermitis im Internet fand. So stellte ich beispielsweise für mehrere Monate meine Ernährung komplett um, verzichtete gänzlich auf Milchprodukte und Zucker.

Diese „alternativen" Dinge verbesserten meine Situation etwas, von einer Heilung konnte aber keine Rede sein.

An Silvester 2011 sah ich dann so aus:

Nach meinem bis dahin dreijährigem Martyrium fand ich schlussendlich den Weg zum Biologischen Dekodieren. Eines Tages hörte ich von Angela Frauenkron-Hoffmann, der Begründerin des Biologischen Dekodierens und ihrer Praxis in Luxemburg. Darüber informierte ich mich auf ihrer Homepage.

Nachdem ich mit anderen Methoden keinen nennenswerten Schritt weiter kam, vereinbarte ich irgendwann meinen ersten Termin bei ihr.

Ich muss dazu sagen, dass ich keinesfalls an das Biologische Dekodieren geglaubt hatte oder mich diese Methode an sich wirklich interessierte. Ich war an einem Punkt angekommen, an dem ich, so wie ich aussah, am liebsten gar nicht mehr weiterleben wollte.

Für die Arbeit mit dem Biologischen Dekodieren entschied ich mich aus purer Verzweiflung heraus; es war für mich die letzte Hoffnung, nachdem sämtliche Methoden zuvor mich nicht wirklich weiter brachten.

Es folgten ein paar weitere Termine. Sehr schnell merkte ich, wie meine Haut an allen betroffenen Stellen zu heilen begann. Nach wenigen Wochen der Heilungsphase war die Neurodermitis verschwunden; und zwar KOMPLETT und bis heute.

Für mich ist es heute noch unglaublich, wie schnell das ging!! HAMMER! In meiner damaligen Wahrnehmung grenzte es an eine Wunderheilung... Ich konnte nicht glauben, dass meine Symptome „nur" durch wenige Stunden „reden" verschwanden; ohne irgendeine Medikation von außen!

Ich beschloss, dass ich diese Methode auch lernen wollte. Damals noch nebenberuflich, besuchte ich die Seminare zum *Biologischen Dekodieren* und absolvierte die Therapeutenausbildung *Emotionale Umkehr* bei Angela Frauenkron-Hoffmann in Deutschland und Luxemburg.

Parallel spürte ich, dass ich nicht länger als Diplom-Pädagogin im sogenannten „sozialen" Bereich in Deutschland arbeiten wollte und konnte, denn meine inneren Werte und Vorstellungen passten absolut nicht mit der Realität im *sozialen* Bereich zusammen – hinter den Kulissen fand ich den *sozialen* Bereich absolut nicht so *sozial*, wie Unternehmen ihn gerne nach Außen auf Websites und in Hochglanzbroschüren darstellen.

Ich wollte morgens und abends wieder zufrieden in den Spiegel schauen können!

Und so kündigte ich 2015 meinen recht gut bezahlten Vollzeitjob und wagte den Sprung ins kalte Wasser: Von 0 auf 100 in die Selbstständigkeit!

Seit dem 01.01.2016 arbeite ich nun bereits sehr erfolgreich mit dem Biologischen Dekodieren in meiner eigenen Praxis und online über Videotelefonie.

Für mich ist es wunderbar, so vielen Menschen mit dieser Methode langfristig und nachhaltig helfen zu dürfen! Es ist ein Geschenk, es ist meine Gabe und ich bin unglaublich dankbar, dass letztlich meine Erkrankung mich auf diesen Weg gebracht hat!

Meine Vision ist es, so vielen Menschen wie möglich einen Einblick in meine Erfahrungen zu geben, um auf diesem Wege vielen Menschen dabei zu unterstützen, sich selbst zu helfen.

Daraus entstand die Idee, Bücher zu schreiben und mein

allererstes hälst du gerade in deinen Händen.

Woooo, ich freu' mich so ☺

Warum über Katzenallergie?

Monatelang beschäftigte ich mich mit der Frage, über welches Thema ich mein erstes Buch schreiben möchte. Denn das Biologische Dekodieren ist prinzipiell bei jeder Beschwerde anwendbar.

Allerdings ist die Ursachenforschung meist sehr vielschichtig und komplex. Es erscheint mir aktuell bei den meisten Beschwerden und Symptomen sehr schwierig, ein allgemeines Handbuch zu schreiben, mit dem du alleine bereits die Ursachen selbst herausfinden und dekodieren kannst.

Die eigenen blinden Flecken sehen wir für gewöhnlich nicht. Der eigene Blick auf unser Unterbewusstsein offenbart meiner Erfahrung nach meist nicht von alleine die wirklich wichtigen Prägungen, die wir mitbekommen, da wir sie längst vergessen oder verdrängt haben.

Hhm... also von welchem Thema soll mein erstes Buch handeln?

Eines Abends - ich lag bereits im Bett - beschäftigte ich mich wieder mit genau dieser Frage.

Mein Ideenjournal lag auf dem Nachttisch, den Bleistift in der Hand, als sich plötzlich meine rote Katze Scully hinzu gesellte – was ganz und gar untypisch für sie war.

Das ist Scully:

Scully kam aufgrund unserer beiden anderen Katzen zu der Zeit schon seit Monaten nicht mehr zu mir ins Bett. Sie ging eher ihre eigenen Wege und hielt sich so wenig wie möglich im Haus auf.

An jenem Abend aber legte sie sich neben mich auf den Nachttisch, dann auf mich, wieder zum Nachttisch, dann auf mein Journal. Sie wechselte ständig ihren Platz und wollte sehr offensichtlich meine Aufmerksamkeit auf sich lenken.

Und dann war es geboren, das Thema für mein erstes Buch!

Denn schließlich litt ich selbst lange Zeit unter Asthma und einer Katzenallergie. Beides verschwand nach der Neurodermitis ebenso mit dem Biologischen Dekodieren.

Und in meiner bisher dreijährigen Laufbahn als Therapeutin verschwand mit Abstand nichts so leicht und so schnell bei den Menschen wie Katzenallergien.

Deswegen eignet sich dieses Thema wunderbar für ein Selbsthilfebuch, denn ich bin überzeugt, dass du hierbei nicht zwingend eine Therapeutin oder einen Coach brauchst, sondern deine Katzenallergie auch alleine abschalten *kannst*.

Noch mal zur Erinnerung, weil es mir so wichtig ist: Natürlich gibt es keine Garantie und ich kann dir nichts versprechen. Niemand kann dir das Verschwinden eines Symptoms garantieren! Nicht zuletzt liegt es ja auch an dir, was du mit dem Inhalt dieses Buches machst und wie du es umsetzt. Überhaupt liegt deine Gesundheit letzten Endes in deiner Hand.

Scullys Geschichte und mein Asthma:
Mein Liebster Volker und ich leben zusammen mit einem Hund und drei Katzen in einem Dorf in der Vulkaneifel.

Bereits vor unserem Umzug in unser Haus äußerte Volker den Wunsch, eine Katze haben zu wollen. Als Kind und Jugendliche litt ich unter einer Katzenallergie und Asthma. Allerdings verschwand beides von selbst, als ich Anfang 20 war. Seither hatte ich keinerlei Symptome, wenn ich mit Katzen zu tun hatte.

In dem festen Glauben, ich hätte keine Allergie mehr, begrüßte ich Volkers Vorschlag. Allerdings wollte ich direkt zwei Katzen aufnehmen, eine davon wollte ich aussuchen und sie sollte UNBEDINGT eine rote Fellfarbe haben.

Hättest du mich damals gefragt, warum ich unbedingt eine rote Katze möchte, so hätte ich gesagt, dass ich sie einfach schön finde. Ich wusste keinen weiteren Grund. Bis dahin hatte ich nie eigene Katzen und ich erinnerte mich auch nicht bewusst daran, jemals im Leben bewusst einer roten Katze begegnet zu sein.

Es dauerte einige Wochen bis wir fündig wurden, da rote weibliche Katzen sehr selten sind.

Kurz nach unserem eigenen Einzug ins Haus zogen Scully und ihre Schwester Nala bei uns ein. Erst mal lief alles gut.

Eines Tages kamen meine Eltern zu Besuch. Dies war nichts Ungewöhnliches, denn meine Eltern halfen uns während der Haussanierung häufig. Dies war jedoch ihr erster Besuch, seit wir in dem Haus lebten.

Nachdem sie abends wieder nach Hause fuhren, merkte ich, wie ich leichte Probleme beim Atmen bekam. Es rasselte in den Bronchien.

In den folgenden Tagen steigerte sich das anfängliche Rasseln in ein akutes Asthma: Ich hatte den ganzen Tag über das Gefühl, zu ersticken. Besonders schlimm wurde es abends, wenn ich mich ins Bett legen wollte. Ich konnte mich nicht flach hinlegen, da ich das Gefühl hatte, meine Lunge fiele zusammen.

Hinzu kam, dass meine Augen sehr stark juckten, tränten und das Weiß in den Augen stark gerötet war.

Letzten Endes fuhr Volker mich eines Abends ins nahe gelegene Krankenhaus und ich bekam dort ein cortisonhaltiges Medikament, wodurch ich endlich wieder normal atmen konnte.

Rückblick – Der Beginn meines Asthmas in der Kindheit:
Im Alter von ungefähr 8 oder 9 Jahren bekam ich Asthma, welches von da an über 10 Jahre lang mein ständiger Begleiter war. Ganz besonders schlimm war es in der Nähe

von Katzen.

Viele Jahre lang nahm ich morgens und abends meine Medikamente und das Notfallspray führte ich immer mit mir. Irgendwann mit Anfang 20 setzte ich eigenhändig die Medikamente langsam ab, um auszuprobieren, ob es endlich auch ohne Medikamente funktioniert. Dabei stellte ich fest, dass ich kein Asthma mehr hatte. Offensichtlich war es von selbst verschwunden.

Das blieb auch so; bis zum Einzug von Scully und dem Besuch meiner Eltern. Aufgrund der Seminare zum Biologischen Dekodieren war mir sofort klar, dass da ein Zusammenhang bestehen muss. Ich selbst kam zunächst alleine nicht weiter.

Also vereinbarte ich weitere Termine bei Angela Frauenkron-Hoffmann in Luxemburg.

Special Agent Scully und ein „mysteriöser" Todesfall:
Als programmierende Situation fanden wir Folgendes heraus:

Ungefähr mit 8 Jahren, also kurz bevor mein Asthma begann, war ich wie so oft bei meinem Onkel auf dem Bauernhof zum Spielen. Meine Eltern waren an jenem Tag ebenso bei meinem Onkel zu Besuch.

Ich erinnerte mich plötzlich während der Sitzung wieder

ganz genau, wie ich in der großen Scheune mit Blick zum offenen Scheunentor stand. Eine kleine rote Katze saß vor dem Tor, als mein Onkel rückwärts mit dem Traktor auf die kleine Katze zu fuhr. Er überfuhr sie mit dem dicken hinteren Reifen und ich hatte im selben Moment das Gefühl, nicht mehr atmen zu können. Die Luft blieb mir im wahrsten Sinne des Wortes im Halse stecken.

Mein Onkel stieg vom Traktor und hob die kleine rote Katze am Genick hoch. Die kleine rote Katze zuckte und hatte den gesamten hinteren Teil des Körpers zerquetscht. Du kannst dir vielleicht ungefähr vorstellen, wie furchtbar und schrecklich es für ein Kind ist, eine solche Situation mitanzusehen!

Mein Onkel meinte, er würde sie nun von ihrem Leid erlösen (damit meinte er, dass er sie nun wirklich töten werde).

Heute, als erwachsene Frau, kann ich nicht sagen, ob sie noch wirklich lebte oder ob es sich „nur noch" um Nervenzucken handelte.

Als Kind können wir die Dinge nicht rational analysieren. Wir nehmen nur wahr, was IST und reagieren mit entsprechenden Emotionen, die sich, sofern es sich um negative Emotionen handelt, sehr tief in unserem Unterbewusstsein einbrennen können.

Ich stand immer noch wie erstarrt in der Scheune und brachte kein Wort mehr hervor. Damals als Kind hatte ich das Gefühl, keine Luft mehr zu bekommen, nicht mehr atmen zu können. Kurz danach fing ich an zu weinen.

Für mich war das definitiv ein großer Schock und viele Jahre hatte ich dieses Ereignis komplett vergessen.

Damals, noch am Abend desselben Tages, begann mein Asthma, begleitet von tränenden und juckenden Augen.

Nachdem ich ungefähr 10 Jahre beschwerdefrei war, kam mein Asthma plötzlich wieder.

Auch mein Asthma verschwand dank der Arbeit mit dem Biologischen Dekodieren.

Scully, meine rote Katze, erinnerte mich unbewusst an den Stress von damals: Bei der verstorbenen roten Katze hatte ich als Kind das Gefühl, nicht mehr atmen zu können (= körperliches Symptom: Asthma) und ich habe sehr viel geweint, weil die Situation für mich als Kind so furchtbar war (= körperliches Symptom später: gerötete und juckende Augen). Meine späteren Symptome passten wie eine Schablone auf mein Empfinden als achtjähriges Kind.

Der Besuch meiner Eltern erinnerte mein System unbewusst an diesen Vorfall mit meinem Onkel und löste in Verbindung mit meiner roten Katze Scully mein Asthma erneut aus.

Ihren Namen Scully wählte ich übrigens in Anlehnung an meine Lieblingsserie aus der Jugendzeit. In der Science-Fiktion- / Mystery-Serie hatte die Hauptdarstellerin Special Agent Dana Scully rot-blonde Haare.

Das Biologische Dekodieren

Deine Gesundheit biologisch betrachtet

Körperliche oder psychische Symptome treten niemals zufällig auf. Sie sind eine bio*logische* Reaktion darauf, was in deinem Leben passiert und vor allen Dingen *wie* du es emotional erlebt und verarbeitet hast.

Ein Symptom ist demnach die Reaktion deines Unterbewusstseins auf - eine oder mehrere - erlebte Stresssituationen. Jedes Symptom ist somit ein Überlebensprogramm unseres Gehirns, genauer gesagt unseres Unterbewusstseins.

Diese Programme werden in unserem Unterbewusstsein einerseits besonders in der Zeit um unsere Zeugung, Schwangerschaft, Geburt und in den ersten Jahren unseres Lebens installiert, ohne dass wir es bewusst merken.

Andererseits bekommen wir diese Programme oder Prägungen aus unserer Familiengeschichte. Das bedeutet, alles, was unsere Vorfahren (Eltern, Großeltern, Urgroßeltern) erlebt haben, ist ebenso in unserer Zellerinnerung gespeichert.

Ziel des Biologischen Dekodierens ist es, diese störenden oder krankmachenden Prägungen und unbewussten Muster zu finden und zu dekodieren, diesen destruktiven Überlebenscode abzustellen.

Die moderne Hirnforschung geht davon aus, dass dein Bewusstsein, also dein bewusstes Denken und Handeln, weniger als **10%** deines Lebens und deiner Handlungen ausmachen. Das bedeutet im Umkehrschluss, dass du zu über **90%** von deinem **Unterbewusstsein**, deinen verborgenen Mustern und Prägungen, gesteuert wirst (die Werbeindustrie weiß das schon sehr viel länger und nutzt diese Erkenntnis sehr gewinnbringend!).

Du kennst sicherlich das berühmte Eisbergmodell: Nimmst du beispielsweise eine „Anti-Allergie-Tablette", verschwindet deine Allergie aus deinem Bewusstsein (10%); die Ursache (90%) bleibt allerdings bestehen. Das Symptom wird also nur unterdrückt.

Als Allergiker wirst du das kennen: Sobald die Wirkung der

Tablette nachlässt, treten die Symptome wieder auf. Deine Tablette wirkt also von oben und damit leider nur auf die kleine Spitze des Eisbergs.

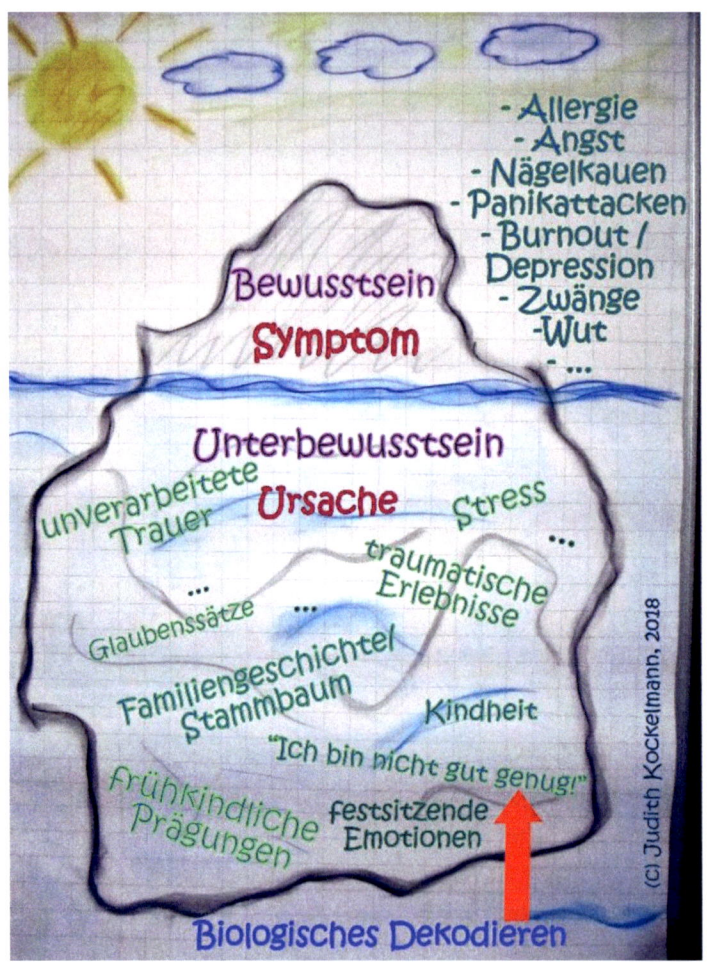

Das Biologische Dekodieren beginnt, im Gegensatz zu anderen Ansätzen, von *unten* den Eisberg abzutragen; also mit dem Teil, den du nicht siehst oder bewusst spürst.

Bezüglich der Katzenallergie geht es also darum, die dafür prägende Situation herauszufinden und emotional aufzulösen, anstatt nur die Symptome zu bekämpfen, sie zu unterdrücken.

Der bio*logische* Sinn deiner Katzenallergie

Aus Biologie und Hirnforschung wissen wir, dass unsere Zellen Informationen nicht zufällig speichern. Ich benutze hier bewusst das Wort „Zellen", denn neuere Erkenntnisse sprechen von so genannten Zellerinnerungen. Also nicht nur unser Gehirn speichert Dinge, sondern jede einzelne Zelle deines Körpers reagiert beispielsweise bei Stress und verändert ihre Form.

Bruce Lipton, US-amerikanischer Entwicklungsbiologe und Stammzellforscher, hat dazu sehr spannende Dinge herausgefunden[1].

In unseren Zellerinnerungen werden insbesondere jene Informationen abgespeichert, die mit einem erlebten Stress

---

[1] Falls du dich näher mit diesem Thema befassen möchtest, kann ich dir sein Buch oder seine DVD „Intelligente Zellen" sehr empfehlen.

in Zusammenhang stehen. Ziel dieser Zellerinnerungen ist es, zukünftig einen ähnlichen Stress zu vermeiden und damit mögliche Gefahren zu verhindern.

Natürlich geschieht das alles unbewusst.

Das Allergische Prinzip

Die Hauptaufgabe unseres Unterbewusstseins und unserer Zellerinnerungen ist es also, Stress zu vermeiden und damit unser Überleben zu sichern.

Bei deiner Katzenallergie verhält es sich so, dass dein Körper eine Abwehrreaktion gegen dieses Tier entwickelt hat. Würdest du keine Tabletten nehmen, die deine Symptome unterdrücken, würde deine Allergie dazu führen, dass du die Situation mit der Katze verlässt. Wenn dein System dich mit der Allergie an einen Stress erinnert, verlässt du also dadurch automatisch auch den Stress.

Von Katzen geht von der Natur her *eigentlich* keine Gefahr für unser Überleben aus. In der Regel können diese Tiere uns nicht lebensbedrohlich verletzen oder gar töten.
Gleiches gilt übrigens für andere Tiere oder Gräser/Pollen: Auch von diesen „Umweltstoffen" geht eigentlich keinerlei Gefahr für uns aus.

Eigentlich gibt es also keinen Grund für eine Abwehrreaktion. *Eigentlich* – es sei denn, du oder einer deiner Vorfahren hat mit diesem „Umweltstoff" einen Stress erlebt und dieser ist sehr tief in deinem Unterbewusstsein abgespeichert.

Deine Wahrnehmung entscheidet alles!

Wenn ich von einem großen Stress spreche, so ist es völlig irrelevant, was andere Menschen darüber denken und wie diese den Stress bewerten würden.

Alles entscheidend ist DEINE persönliche Wahrnehmung und DEINE – bewusste oder unbewusste - Bewertung, die du dieser Situation gibst oder gegeben hast!

Und da deine Prägung in der Kindheit oder noch weiter zurück liegend stattfand, ist es absolut essentiell, wie du als KIND damit umgehen konntest und nicht, wie du als erwachsener Mensch die Situation rückblickend bewertest.

Hier ist besonders wichtig zu bedenken, dass unsere kindliche Wahrnehmung sehr schnell mit etwas überfordert sein kann. Es kann sehr schnell passieren, dass wir als Kind Dinge nicht richtig einsortieren und verarbeiten konnten. Aus einer Lappalie kann so für ein Kind durchaus ein Stress oder ein traumatisches Erlebnis entstehen.

Ich gehöre zu der Generation, die solche und ähnliche

Dinge sehr oft zu hören bekommen haben:

- Stell dich nicht so an!
- Hör auf zu weinen!
- Das ist doch nicht so schlimm!

Vielleicht kommen auch dir Sätze wie diese bekannt vor.

Heute würde ich sagen, das Schlimmste, was man Kindern antun kann, ist deren Gefühle nicht ernst zu nehmen und sie einfach mit solchen oder ähnlichen Sätzen zu bagatellisieren.

Vielleicht hast du dich als kleines Kind „zu Tode vor einer Katze erschreckt".
Du hast zu hören bekommen „Stell dich nicht so an! Das war doch nur eine Katze.".

Es ist sehr gut möglich, dass eine solche Situation der Beginn deiner Allergie gewesen sein kann. Denn für dein System war diese Begegnung mit einer Katze Stress. Der Stress wurde nicht entschärft, also nicht aufgelöst und es ist möglich, dass dein Unterbewusstsein seit diesem Erlebnis eine Abwehrreaktion gegen Katzen gestartet hat, um Schrecksituationen wie diese in Zukunft zu vermeiden.

Fallbeispiele

1. Fallbeispiel: Katzenallergie anstatt Gehirnerschütterung

Kai, Mitte 40, klagte über eine starke Katzenallergie und stand vor der Entscheidung, einen neuen Besitzer für das wenige Monate junge Kätzchen suchen zu müssen. In einem Raum mit ihr hielt er es keinesfalls aus.

Zu Beginn ließ ich mir wie immer sehr ausführlich seine konkreten Symptome schildern.

Diese waren unter anderem starke Kopfschmerzen, starkes Druckgefühl im Kopf, "Übelkeit vom Kopf her" und tränende Augen, sobald er sich in einem Raum mit Katzen aufhielt.

Wir begaben uns auf die Suche nach einer programmierenden Situation. Während unseres Gesprächs stellte sich heraus, dass Kai im Alter von ungefähr 6 Jahren einen schweren Fahrradunfall hatte – ausgelöst *wahrscheinlich* von einer Katze, die vor das Fahrrad lief, so dass er stark bremsen musste, kopfüber über das Rad auf den Kopf stürzte. Dabei zog er sich eine schwere Gehirnerschütterung zu und beide Augen waren stark geschwollen.

Zu Beginn unserer Sitzung, als der Klient die Symptome der Allergie beschrieb, beschrieb er gleichzeitig eigentlich Symptome seiner Gehirnerschütterung, die er, 38 Jahre später immer noch bekam, sobald er mit Katzen in Berührung kam. Mit diesen Beschwerden erinnerte die

31

Zellerinnerung Kai an den lebensgefährlichen Unfall und bewahrte ihn so vor einer ähnlichen, eventuell lebensbedrohlichen Situation.

Klingt auf den ersten Blick absurd, denn natürlich befindet er sich später nicht automatisch in einer lebensbedrohlichen Situation, sobald er eine Katze sieht.

Für das Unterbewusstsein oder unser Gehirn jedoch, dessen Hauptaufgabe es ist, unser Überleben zu sichern, ist die Verknüpfung

"Katze → schwerer Unfall, also Katze = Gefahr!"

die einzige mögliche Reaktion, gefährliche Situationen wie diese zu vermeiden.

Oben habe ich geschrieben, dass der Unfall wahrscheinlich von einer Katze, die vor das Fahrrad lief, ausgelöst wurde. Kai erinnert sich bis heute nicht daran, ob dem so war oder nicht. Beim Biologischen Dekodieren arbeitet man sehr viel mit Hypothesen, um die Ursache herauszufinden.

Das Unterbewusstsein reagiert sofort auf solche Hypothesen, wenn sie wahr sind. Es ist nicht wichtig, ob der bewusste Verstand sich an Details von damals erinnert oder nicht.

Der sicherste Hinweis, dass das Unterbewusstsein reagiert, ist das Verschwinden von Beschwerden wie bei diesem Beispiel: Noch während unserem Gespräch besserten sich seine Beschwerden schlagartig und verschwanden innerhalb weniger Stunden komplett.

Die Katze lebt heute immer noch bei ihm und Kai ist bis heute beschwerdefrei.

2. Fallbeispiel:
Ständiges Naselaufen, damit der Gestank nicht in die Nase kommt

Christine, Ende 40, erzählte mir von ihrer Katzenallergie, unter der sie seit einem Jahr litt.

Ich fragte sie nach den genauen Symptomen. Sie hatte lediglich ein Symptom. Und zwar tropfte ihre Nase ohne Unterlass, wie ein Wasserfall, sobald sie ihre Katze streichelt. Im weiteren Verlauf erzählte sie, dass diese Katze seit einem Jahr fest bei ihr lebt. Zuvor sei es eine wilde Katze gewesen, die nur zum Fressen vorbeikam.

Eines Tages stand die Katze wie immer vor Christine's Haustür, allerdings mit einem sehr stark verletzten Hinterlauf. Christine berichtete, dass das Fleisch am

Hinterlauf bereits zum Teil stark verwest ausgesehen habe.

Ich frage sie, was sie in diesem Moment dachte, ob sie Angst hatte, dass die Katze stirbt.

Darauf sagte sie: „Nein, ich hatte keine Angst um die Katze. Aber das hat unfassbar schlimm gestunken!!"

Ab diesem Tag tropfte ihre Nase stetig und ohne Unterlass, wenn sie sich der Katze näherte.

Unbewusster biologischer Sinn des Symptoms: Der Körper verhindert durch ständiges Spülen der Nase, dass dieser furchtbare Gestank noch einmal in die Nase vordringt.

Der Weg zur Ursache

Die drei Fragezeichen
Bei der Arbeit mit Allergien gibt es die drei alles entscheidenden Fragen:

1. **Worauf reagierst du allergisch?**
   - Deine Antwort ganz klar: „Na Katzen! Deswegen lese ich doch dieses Buch hier!"

Katzen jedoch sind nicht gleich Katzen! Meine Allergie bezog sich ausschließlich auf rote Katzen. Mit allen anderen hatte ich deutlich weniger oder gar keine Probleme.

Im ersten Jahr meiner Selbstständigkeit kam eine Klientin zu mir, die ausschließlich gegen dreifarbige Katzen – die so genannten Glückskatzen – allergisch reagierte.

Es ist sehr wichtig, GANZ GENAU einzugrenzen, bei welchen Katzen und wann die Allergie auftritt.

Es kann natürlich auch sein, dass du auf alle Katzen allergisch reagierst. Es kann sein, muss aber nicht sein. Deswegen schau hier mal ganz genau hin.

2. Was genau sind die Symptome?
Hier gilt es, GANZ GENAU die Symptome zu beschreiben. Ist die Nase verstopft oder läuft sie ohne Unterlass? Jucken die Augen? Was ist mit deiner Haut? Wie ist es mit dem Atmen?
Im Anhang dieses Buches findest du eine Auflistung der gängigen Symptome.

3. Wann trat die Allergie zum ersten Mal auf?
Der Beginn deiner Allergie gibt uns einen ziemlich sicheren Hinweis darauf, dass kurz zuvor – vielleicht einige Tage oder Wochen – die programmierende Situation, also das Stress-Ereignis stattgefunden hat.

Praktischer Arbeitsteil

Stand der Dinge

Für diesen Teil empfehle ich dir, dir einen Stift zur Hand zu nehmen und die Aufgaben unbedingt schriftlich auszuführen. Denn für dein Unterbewusstsein macht es einen großen Unterschied, ob du Dinge nur denkst oder sie schwarz auf weiß aufschreibst.

Zunächst analysieren wir deine jetzige Situation.

Ich lade dich zu Beginn dazu ein, die drei wichtigen Fragen möglichst **präzise und schriftlich** zu beantworten:

1. Auf welche Katze(n) reagierst du allergisch?

Kannst du bestimmte Farben eingrenzen? Gibt es bestimmte Rassen, gegen die du allergisch reagierst, zum Beispiel Langhaar-/Kurzhaarkatzen? Reagierst du auf bestimmte Fellfarben besonders stark?

Wie gesagt: Es kann natürlich auch sein, dass du auf alle Katzen allergisch reagierst.
Es kann sein, muss aber nicht sein. Deswegen schau hier mal ganz genau hin.

Hier ist Platz für deine Notizen:

2. Was genau sind deine Symptome?

Beschreibe hier <u>ganz genau und präzise</u>, was in deinem Körper passiert, wenn du dich in der Nähe von Katzen befindest.

Und nun tritt einen Schritt zurück und überlege, am besten zusammen mit einer weiteren Person: Woran erinnern deine Symptome?
Du kennst nun das Beispiel von oben, in dem die Symptome des Mannes seine Gehirnerschütterung von damals „kopierten".

Ein weiteres Thema, welches häufig vorkommt: Unterdrückte Trauer. In diesem Fall erinnern dein Gesicht (Augen, Nase...) und der Klang deiner Stimme an jemanden, der ganz viel geweint hat.

Hier ist Platz für deine Notizen:

_____

_____

_____

_____

_____

_____

3. Wann trat deine Allergie zum ersten Mal auf?

Überlege, wie alt du warst, als du die Allergie zum ersten Mal gespürt hast. Schreibe dein Alter in Jahren und die Jahreszahl hier hin.

Beispiel: 1987, 7 Jahre alt.

Hier ist Platz für deine Notizen:

_____

_____

_____

_____

_____

_____

Finde deine Programmierung heraus!

Liste alle Erlebnisse mit Katzen auf, die dir aus der Zeit VOR Beginn deiner Allergie einfallen.

Dies können Geschehnisse aus deiner Kindheit sein.

Oder deine Eltern haben etwas dazu vor deiner Geburt erlebt. Denn auch das, was deine Vorfahren erlebt haben, ist in deinen Zellerinnerungen gespeichert.

Es kann aber auch deutlich später passiert sein, wie das Fallbeispiel Christine gezeigt hat.

Also: Begib dich auf Ursachenforschung! Falls dir selbst nichts einfällt, befrage alle Menschen, die etwas wissen können. Deine Eltern, Geschwister, alte Freunde und so weiter.

Wurdest du als Kleinkind vielleicht mal von einer Katze angegriffen? Hat sie dich gekratzt oder gar gebissen?

Es ist auch möglich, dass eine Katze nur indirekt an deinem Stress beteiligt war. Vielleicht haben sich deine Eltern zum Beispiel einmal furchtbar gestritten, du hattest große Angst und eine Katze war in deiner Nähe.

Zudem muss sich dein Stress nicht zwingend mit einer

echten Katze ereignet haben; ebenso ist möglich, dass du beispielsweise einen negativen Stress mit einer Katze im Fernsehen oder in einem Buch erlebt hast.

Im Fallbeispiel mit dem Fahrradunfall fragte ich Kai, welches denn die erste Katze sei, an die er sich bewusst erinnert. Er antwortete, dies sei der „fette Kater" eines Kumpels gewesen. Er konnte mir nicht sagen, WANN er diesem Kater begegnet ist; er wusste aber, dass es vom Alter her nach seinem Unfall gewesen sein muss. Kai hatte fürchterliche Angst vor diesem Kater.

Dies war ein weiteres Indiz dafür, dass er zuvor einen Stress mit Katzen erlebt haben muss. Denn es gibt eigentlich keinen Grund für uns Menschen, Angst vor Katzen zu haben. Es sei denn, wir haben mit ihnen einen Stress erlebt.

Also:
Schreibe ALLES auf, was du oder ein Vorfahre, beispielsweise deine Eltern, irgendwann einmal in irgendeiner Form mit Katzen erlebt haben.

Falls dir der Platz hier im Buch zu klein dafür ist, nimm dir einfach einen Block oder ein Blatt Papier und schreibe dort alles auf:

Datum, Alter Was ist passiert?	Wie ist es passiert und wie habe ich es erlebt?
Beispiel: 1988, 8 Jahre alt: rote Katze vom Traktor überfahren *oder:* Sommer 1978, 7 Jahre alt: Angst vor dem Kater meines Freundes	Die Katze wurde vom großen Hinterrad des Traktors überfahren / zerquetscht. Ich habe es gesehen. Erst geschrien, dann geweint. Es war furchtbar. Ich war bei meinem Freund zu Hause. Habe mich vor dem dicken Kater erschrocken! Wäre am liebsten weg gelaufen. Ich hatte Angst.

Und nun lies dir deine Auflistung noch einmal durch.

Wann begann deine Allergie?

Kannst du Parallelen zu deiner Liste finden?

Es ist sehr wahrscheinlich, dass deine Allergie NACH einem Erlebnis aus deiner Liste zum ersten Mal aufgetreten ist.

Manchmal reicht es bereits aus, wenn du dir das Ereignis oder die Ereignisse bewusst machst! Wenn du dir dein Geschriebenes einfach nochmal laut vorliest und bewusst hineinspürst.

Denn es geht darum, dass dein Unterbewusstsein den Grund für die Abwehrreaktion „versteht". Und dazu reicht es oft, Zusammenhänge einfach aufzudecken.

Wenn das gelingt, gibt es keinen Grund mehr für dein Unterbewusstsein, *gegen* Katzen zu reagieren.

Falls du bei dir ein größeres Thema als möglichen Ursprung herausfindest, beispielsweise unterdrückte Trauer um einen verstorbenen Menschen, so ist es wichtig, diese Trauer aufzuarbeiten.

Dazu wiederum empfehle ich dir, dir professionelle Unterstützung durch einen Coach oder Therapeuten zu suchen. Solche Trauerthemen sind meiner Erfahrung nach sehr individuell gestrickt und oft noch mit viel – bewusstem oder unbewusstem - Schmerz besetzt.

Es wäre sehr vermessen, hier in dieses Buch dazu ein paar allgemeine und oberflächliche Ratschläge dazu zu schreiben.

Das unbewusste Vergnügen.

Was deine Heilung blockieren kann

Sehr häufig kann es meiner Erfahrung nach Sabotageprogramme geben, welche deine Heilung verhindert. Beim Biologischen Dekodieren nennt man sie das *unbewusste Vergnügen* (aus dem Französischen von *plaisir* abgeleitet). Man könnte es auch als Symptomgewinn bezeichnen.

Das Vergnügen findet auf unbewusster Ebene statt. Das

heißt, es braucht ein wenig Vorarbeit, bevor Menschen bereit sind, auf ihr Vergnügen zu schauen. Es gehört zu unseren Schattenseiten; zu jenen Dingen, die wir anfangs natürlich nicht sehen wollen.

Alles, was ich nun bezüglich Vergnügen schreibe, bezieht sich natürlich nicht nur auf die Katzenallergie. Du kannst das, was du jetzt liest, auf alle anderen Bereiche deines Lebens übertragen und mal in dich hinein spüren, ob du mit einem der hier beschriebenen Vergnügen in Resonanz gehst.

Als Neugeborene und Kleinkinder sind wir auf die Fürsorge der Eltern, hier besonders der Mutter, angewiesen. Alleine könnten wir nicht überleben. Wenn ich Fürsorge sage, so meine ich damit, dass wir zum einen natürlich auf die Ernährung durch unsere Eltern angewiesen sind; bestenfalls durch die Brust unserer Mutter.

Es geht aber nicht nur um Ernährung, sondern auch um Liebe; um körperliche Fürsorge, Nähe und Bindung zu unseren Eltern. Und wir alle haben – ob wir wollten oder nicht – Strategien entwickelt, um diese Fürsorge zu bekommen. Später projizieren wir diese Strategien auf unser Umfeld – auf unsere Lebenspartner, Freunde, Chefs und ArbeitskollegInnen.

Eigentlich sollten wir nichts dafür tun müssen, damit unsere Eltern sich um uns kümmern.

Aus meiner therapeutischen Praxis weiß ich, dass dies bei meinen Klienten so leider bisher *nie* der Fall war. Auch deine Eltern haben ihre Vergangenheit. Sie hatten eine Kindheit und bei ihren Eltern, also unseren Großeltern, war meist noch viel weniger Raum für Fürsorge und Nähe zum Kind. Wir reden hier von der Kriegs- oder Nachkriegsgeneration, in der ehemalige Soldaten als gebrochene Menschen nach Hause zurückkehrten oder gar nie wieder nach Hause kamen. Deutschland wollte wieder aufgebaut werden und es war wichtig, zu *funktionieren*. Es war kein Raum für Traurigkeit oder die eigenen Bedürfnisse. Häuser mussten wieder aufgebaut und Lebensmittel herangeschafft werden, um die Familie zu ernähren. Es waren Sorgen und Nöte, wie wir sie uns heute gar nicht mehr vorstellen können, denn wir leben heute in einer Welt des Überflusses.

Das bedeutet, unsere Eltern, ehemals selbst verletzte Kinder, haben selbst nie gelernt, was es bedeutet, die eigenen Kinder einfach so zu lieben, ihnen Fürsorge zu geben. Und selbst wenn, so käme mittlerweile hinzu, dass dazu oft gar keine Zeit ist, da in unserer Zeit oft beide Elternteile arbeiten müssen, um über die Runden zu kommen.

Eltern waren und sind oft gestresst, genervt oder einfach überfordert.
Es geht dabei niemals um Schuldzuweisungen! Es geht im zweiten Schritt darum, zu verstehen, warum die Eltern so waren, wie sie waren und dass sie nicht anders handeln

konnten.

Damit besonders die Mutter, sich dennoch um ihr Kind kümmert, entwickeln Kinder verschiedene Strategien, um die so genannte „Aufmerksamkeit" zu bekommen. Das Fatale daran: Für ein Kind macht es keinen Unterschied, ob es negative oder positive Aufmerksamkeit bekommt; das Wichtigste aus der Sicht eines Kindes ist, dass die Mutter sich überhaupt kümmert und nach ihm sieht. Ob Mama also liebevoll mit mir spricht oder genervt oder wütend auf mich reagiert, macht für mich als Kind keinen Unterschied. (Überlebens-) Wichtig ist, dass Mama sich überhaupt um mich kümmert.

Es gibt beispielsweise Erwachsene, die als Kind gelernt haben, dass sie schreien müssen, damit Mama endlich gucken kommt. Später kann sich dieses Verhalten unter anderem in der Partnerschaft fortsetzen: Diese Menschen haben oft auch beim Partner das Gefühl, sie müssen „brüllen", damit sie gehört werden; damit der Partner endlich reagiert. Was natürlich später im Leben zu großen Problemen führt.

Und so gibt es eben auch Erwachsene, die als Kind gelernt haben, krank sein zu müssen, damit man sich um sie kümmert. Das sind jene Erwachsene, die als Kind oft hingefallen sind oder sehr häufig krank wurden, die beispielsweise sehr häufig erkältet waren. Weil Kranksein die einzige Strategie war, damit Mama und Papa sich endlich mal Zeit nehmen und sich kümmern.

Selbstverständlich machen wir das nicht bewusst. Diese Programme wurden sehr früh in unserem Leben auf unserer „Festplatte" Gehirn installiert und wir spulen sie immer wieder unbewusst ab und stehen damit immer wieder in unserem Leben vor den gleichen Problemen. Das wiederholt sich – bis wir irgendwann inne halten, an unseren unbewussten Mustern arbeiten und sie auflösen.

Deine möglichen Vergnügen:

Bei näherem Betrachten ist es durchaus möglich, dass dir deine Allergie auch Vorteile verschafft.

Bei meinem Asthma, das ganz besonders schlimm in der Nähe von Katzen war, hatte ich sehr viele unbewusste Vergnügen oder Vorteile. Zunächst habe ich mich natürlich vehement dagegen gewehrt, dass ich davon einen oder gar mehrere Krankheitsgewinne haben soll.

Falls du jemals selbst unter Asthma gelitten hast, so kennst du das elendige Gefühl, bei dem du wirklich glaubst, du würdest ersticken. Zu Beginn war es mir schleierhaft, es klang sogar zynisch von meiner Therapeutin, überhaupt in

Erwägung zu ziehen, ich würde einen positiven Krankheitsgewinn daraus ziehen.

Dann ließ sie mich eine ganz klassische Pro-/Kontra-Liste machen.

Was spricht für das Asthma und was dagegen?

Wie gesagt, ich fand es damals unfassbar, dass meine Therapeutin mich diese Liste machen ließ. Die Frage „Was spricht für dein Asthma?" klang für mich vollkommen absurd.

Nach anfänglichem Widerstand ließ ich mich darauf ein und ich war völlig von den Socken, als meine Liste fertig war!

Es gab durchaus eine Menge Vorteile, die mir mein Asthma brachte und der Hauptpunkt war, dass sich mein Mann um mich kümmerte. Ich selbst ging wochenlang nicht zum Arzt, als das Asthma Dank Scully wiederkam. Ich kam – als erwachsene Frau - gar nicht auf die Idee, mich selbst in ärztliche Obhut zu begeben! Es war Volker, der mich ins Krankenhaus fuhr.

Volker erfüllte für mich die Rolle meiner Eltern von damals, die nach Beginn meines Asthmas erst einige Tage abwarteten und mich dann zum Arzt fuhren. Genau so wartete ich mit Mitte 30 darauf, dass Volker mich umsorgte und ins Krankenhaus fuhr.

Die Dinge wiederholten sich. Ich denke, du verstehst, worauf ich hinaus will.

Und nun werde ich aus meinem Nähkästchen als Therapeutin plaudern und dir einige mögliche Vergnügen aufzählen, die mit deiner Katzenallergie in Verbindung stehen *könnten*.

Bitte bedenke: Dies sind Dinge, die ich sehr häufig bei meinen Klienten beobachte und es sind immer wieder ähnliche Vergnügen. Diese Auflistung erhebt aber keinen Anspruch auf Vollständigkeit.

Ich lade dich dazu ein, die folgenden Sätze einfach auf dich wirken zu lassen und ehrlich hinzuspüren, ob etwas davon auf dich zutreffen könnte.

Erinnere dich: All diese Dinge laufen UNTERBEWUSST ab.
Woran kannst du merken, dass einer oder mehrere Punkte auch auf dich zutreffen könnten?
Du spürst es an deiner emotionalen Reaktion. Das gilt übrigens für alles in deinem Leben. Wenn etwas nichts mit dir zu tun hat, dann ist es dir egal; du spürst gar keine emotionale Reaktion darauf.

Wenn du auf etwas besonders wütend reagierst, du es SOFORT vehement innerlich abstreitest oder aber dich der Gedanke daran noch Tage später beschäftigt, so ist das ein ziemlich sicherer Hinweis darauf, dass es auch etwas mit dir zu tun hat. Was dein unterbewusstes Vergnügen betrifft, so sind es ALLE möglichen negativen emotionalen Reaktionen, die dir zeigen können, dass es sehr wohl etwas mit dir zu tun haben kann.

- **Hilflosigkeit**: Ich muss gewisse Dinge, die ich nicht mag, nicht erledigen, weil ich Dank meiner Allergie sagen kann „Meine Nase ist zu und es juckt überall." oder „Ich habe doch Asthma.". Dann schützt mich meine Allergie beispielsweise vor für mich unangenehmen oder lästigen Tätigkeiten.

- **Angst zu Versagen:** In eine ähnliche Richtung kann es gehen, wenn bei mir die Angst zu Versagen stark ausgeprägt ist. Wenn ich nichts mache, kann ich auch nicht versagen. Meine Beschwerden schützen mich dann vor dem Versagen.

- **Aufmerksamkeit / Fürsorge / falsch verstandene Liebe**: Mein Partner, meine Partnerin und andere Menschen aus meinem Umfeld schenken mir Aufmerksamkeit und Fürsorge; sie kümmern sich um mich. Dies kann beispielsweise der Fall sein, wenn ich als Kind gelernt habe, dass ich krank sein muss, damit man sich besonders um mich kümmert.

- **Macht / Dominanz**: Frage dich, ob du deine Beschwerden unbewusst dazu nutzt, um versteckte

Absichten und Ziele durchzusetzen, weil du dies mit Worten nicht schaffst.

Das geht in eine ähnliche Richtung wie bei „Hilflosigkeit": Ich muss wegen meines Asthmas bestimmte Dinge nicht machen. Anstatt dies mit Worten zu äußern, schiebe ich meine Beschwerden als „Ausrede" vor.

Hast du in diesem Abschnitt etwas über dich gelernt? Gibt es ein Vergnügen, bei dem du das Gefühl hast, dass es auf dich zutreffen könnte? Ganz egal, ob es um deine Allergie oder um ein anderes Thema geht.

Hier ist Platz für deine Notizen:

_____

_____

_____

_____

_____

_____

_____

_____

_____

_____

Die Transformation des Vergnügens

Ziel ist es nun, dass du ein neues Vergnügen findest und im Unterbewusstsein verankerst.
Im folgenden Abschnitt bekommst du ein paar Impulse, wie das gelingen kann:

- **Hilflosigkeit**: Es kann sein, dass du als Kind gelernt hast, dass es nichts bringt, wenn du sagst, dass du etwas nicht (tun) möchtest.
  Vielleicht hast du gelernt, dass hier nur „Kranksein" hilft.
  Lerne Schritt für Schritt, es zu sagen, auszusprechen, wenn du etwas nicht tun möchtest. Es geht hierbei darum, dass du als erwachsene Person dein

Unterbewusstsein umprogrammierst. Du lernst auf diese Weise, dass es dir heute besser geht, wenn du Dinge aussprichst. Du musst nicht mehr „Kranksein", um deine Bedürfnisse durchzusetzen.

- **Angst zu Versagen**: Frage dich, woher kommt diese Angst? Die Angst zu Versagen kann ich, genau wie unterdrückte Trauer, an dieser Stelle nicht pauschal lösen und zudem ist es überhaupt schwierig, dieses Thema alleine und ohne Hilfe aufzuarbeiten. Die Wurzeln liegen hierbei oft in traumatischen Erfahrungen aus der Kindheit oder Schulzeit. Deswegen empfehle ich auch hier ganz klar: Such dir professionelle Unterstützung von einem Coach oder Therapeuten deiner Wahl.

- **Aufmerksamkeit / Fürsorge / falsch verstandene Liebe**: Falls du als Kind gelernt hast, dass du kranksein musst, damit man sich um dich kümmert, so geht es auch hierbei darum, dieses alte Muster los zu lassen: Du bist jetzt erwachsen und du musst jetzt neue Bilder in deinem Unterbewusstsein speichern. Bilder, dass du auch dann z.B. von deinem Partner gesehen wirst, wenn du nicht krank bist. Du brauchst deine Beschwerden heute nicht mehr, um Aufmerksamkeit zu bekommen.

- **Macht / Dominanz**: siehe Punkt „Hilflosigkeit".

Ganz egal, um welches Vergnügen oder um welches Verhaltensmuster es sich handelt: Die Transformation hat immer das gleiche Ziel: Dass du das Muster, welches du in der Kindheit gelernt hast, los lässt und ein neues Verhaltensmuster Schritt für Schritt in deinem Leben etablierst. Es geht hierbei darum, dass du neue Erfahrungen und die damit verbundenen neuen positiven Emotionen in deinem Unterbewusstsein speicherst.

Setze dich bei der Transformation nicht unter Druck! Erwarte nicht, dass es nach dem Lesen dieses Buches sofort KLICK! macht und du ab JETZT IMMER dein neues Verhaltensmuster lebst. Es ist ein Prozess. Es ist ein Weg, auf dem es durchaus mal Rückschläge geben kann.

Es wäre utopisch zu erwarten, dass sich unsere Verhaltensmuster oder Glaubenssätze, die wir meist 20, 30, 40 vielleicht sogar 50 Jahre lang unseres Lebens oder mehr gelebt haben, sozusagen über Nacht verschwinden.

Es kann passieren, dass du doch noch mal in dein altes Muster rutschst.

Wenn du das merkst: Bewerte es nicht! Tadel dich nicht dafür, sondern nimm es einfach bewusst wahr und richte deinen Fokus neu aus:
- „Aha! Ich habe wieder mein altes Muster .... (beschreibe hier kurz, was du gemacht hast) gelebt."

- „Was ist es, was ich mir eigentlich wünsche?"
- „Was kann ich JETZT tun, um mein Ziel zu erreichen, um mein neues Verhaltensmuster zu trainieren?

Diese Übung machst du am besten schriftlich.

Zur Erinnerung: Für unser Unterbewusstsein macht es einen riesigen Unterschied, ob wir die Dinge nur denken oder ob wir sie schwarz auf weiß aufschreiben und noch mal selbst lesen.

Ich empfehle dir, dazu immer ein kleines Notizheft oder dein Tagebuch mit dir zu tragen.

Anhang

Impulse zu Symptomen

Hier findest du eine Auflistung der gängigen Allergie-Symptome mit ersten Impulsen, welcher Natur dein ursprünglicher Stress gewesen sein kann.

Zur Erinnerung: Es geht hierbei immer um DEINE Wahrnehmung. Wenn ich im Folgenden beispielsweise das Wort „furchtbar" oder „schrecklich" benutze, so meine ich damit, dass dein Erlebnis womöglich für DICH furchtbar oder schrecklich war.

Es gibt keine objektive Wahrnehmung! Wir alle haben unsere eigene Wahrnehmung und für den einen Menschen ist eine Situation harmlos, während ein anderer Mensch die gleiche Situation als furchtbar empfindet.

Bei Katzenallergie treten meistens mehrere Symptome gleichzeitig auf. Du musst also eventuell ein paar Themen miteinander kombinieren.

Direkte Ursache: Die Katze spielt die Hauptrolle:
In Bezug auf die Katzenallergie kann grundsätzlich eine Katze die Ursache und die Prägung für das jeweilige Symptom sein.
Beispielsweise, dass du als Kind einmal von einer Katze angegriffen wurdest oder dass sie unbedingt bei dir schmusen wollte und du konntest dich nicht dagegen wehren, du konntest sie nicht abwimmeln und hattest womöglich Angst.
Beim Fallbeispiel spielte eine Katze die Hauptrolle.

Indirekte Ursache: Die Katze spielt die Nebenrolle:
Für eine Allergie prägend kann aber auch sein, dass eine Katze in deiner Nähe war, als du Entsprechendes mit einem Menschen erlebt hast. Dein Unterbewusstsein koppelt deinen Stress, deine Angst dann lediglich mit der Katze und erinnert dich später im Leben mit deiner Allergie an diese Situation.
Beim Fallbeispiel über Kai spielte die Katze die Nebenrolle.

Ekzem / Neurodermitis

Bei einem Ekzem ist die Epidermis betroffen. Die Epidermis ist unsere äußerste Hautschicht. Ihre biologische Aufgabe ist es, äußere Einflüsse wie beispielsweise Kälte oder Kontakt zu spüren und zu fühlen. Nicht umsonst werden Ekzeme an anderer Stelle auch „Kontaktekzeme" genannt; das heißt sie treten nach Kontakt mit bestimmten Dingen auf.

Bei einem Ekzem geht es sehr häufig um unbewusste Trennungsthemen. Es ist wichtig, wo genau am Körper das Ekzem auftritt:

- An den äußeren Stellen (z.B. Ellbogen, Handrücken, Rücken, Schienbein...): Ich möchte eine Berührung vermeiden, etwas oder einer Person abwimmeln, schaffe es aber nicht.
- An den inneren Stellen (z.B. Armbeuge, Handinnenseite, Waden, Kniekehle, Bauch...): Ich bin von einer Person oder etwas getrennt und leide darunter, diesen Kontakt nicht mehr zu spüren.

Trennungsthema bedeutet also, dass ich entweder eine Trennung, also einen Kontaktabbruch wollte, ihn aber nicht durchsetzen konnte, oder: Ich wollte den Kontakt zu jemandem, war aber von ihm oder ihr getrennt.

Bei Letzterem geht es häufig um die Trennung als Kind von Vater oder Mutter – ob dauerhaft oder bspw. durch den Eintritt in die Kindertagesstätte und die damit verbundene

Trennung von der Mutter tagsüber - oder um die Scheidung / Trennung der Eltern.

Atemnot

Probleme beim *Ausatmen*:

Hier geht es zunächst um das Thema *Revier*. Als Kind kann zum eigenen Revier beispielsweise das eigene Kinderzimmer, das Spielzeug, die Familie (Eltern/Geschwister) etc. gehören; es geht aber auch um das Revier im übertragenen Sinne: Wurden meine Grenzen und Wünsche von meinen Eltern und Geschwistern akzeptiert?

Im weiteren Schritt geht es darum, dass ich mein Revier in Gefahr sehe und ich kann nichts dagegen tun (Unfähigkeit zu handeln); ich bin der Untergeordnete, der Schwächere.

Biologisch betrachtet sollten wir kräftig und ohne Probleme ausatmen können, um unter anderem zu rufen oder schreien zu können.

Vielleicht war bei deinen Eltern Gewalt im Spiel und du konntest als Kind nichts tun, hast keinen Ton rausbekommen.
Oder du hast gesehen, wie eine Katze überfahren wurde, ebenfalls mit der Unfähigkeit, einen Ton rauszubekommen.
Auch: Nach der Mutter rufen und sie kommt nicht.

Sehr lange Zeit, vereinzelt noch bis Anfang der 1990er

Jahre, galt es als förderlich für die Lungen des Kindes, es schreien zu lassen und als Mutter nicht gleich hinzulaufen.

Mit dem Biologischen Dekodieren können niemals Vorhersagen getroffen werden; man kann also nie so etwas sagen wie: „Alle Menschen, die als „Schreikinder" aufgewachsen sind, leiden später unter Atemnot."

Es läuft immer rückwärts und dabei stellte ich hin und wieder fest, dass spätere Asthmatiker manchmal schreien gelassen wurden.

Die verzweifelte Prägung ist dann: „Ich kann so laut schreien, wie ich will, Mama kommt nicht!".

Probleme beim *Ein*atmen:
Hat mit Schreckangst zu tun; mit einer Situation, in der du dich zu Tode erschreckt hast. Die Luft blieb dir im Halse stecken.
Vielleicht im wahrsten Sinne des Wortes: Den Tod vor Augen haben.

Vielleicht wurde bei jemandem aus deiner Familie eine Krankheit diagnostiziert.
Vielleicht hast du wie ich damals live gesehen, wie eine Katze überfahren wurde.

Augen

Wenn deine Augen reagieren, hat dein ursprünglicher Stress etwas mit *Sehen* zu tun.

Tränende Augen sind ein Hinweis darauf, dass du etwas sehr Trauriges ge*sehen* hast; vielleicht eine tote Katze oder du hast gesehen, dass deine Eltern sich gestritten haben, während deine Katze bei dir auf dem Schoß saß.

Bindehautentzündung:
Brennen und Jucken: Du wurdest von jemandem oder etwas getrennt und kannst ihn oder es nicht mehr sehen. Der Augen- oder Blickkontakt fehlt dir. Oder genau das Gegenteil: Du musst ständig jemanden oder etwas sehen und kannst oder darfst nicht weg schauen.
Verklebte Augen: Du warst irgendwann mal gezwungen, etwas Fieses, Ekliges oder Schmutziges zu sehen oder mit anzusehen, was auch immer die Wörter fies, eklig oder schmutzig für dich bedeuten.

Nase

Läuft ohne Unterlass:
Hier geht's meist um das Thema unangenehm riechen oder stinken. Durch das ständige Spülen der Nase verhindert dein Körper, dass unangenehme Gerüche aufgenommen werden.

Daher darfst du dich fragen: Gibt es etwas in deinem Leben, das dir gewaltig stinkt, gegen den Strich geht?

Welche Vorfälle fallen dir in deinem Leben zu diesem Thema ein?

Nase verstopft:
Dabei geht es rund um das Thema „die Nase voll haben." Umgangssprachlich könnte man auch sagen: Die Schnauze voll haben.

Gab oder gibt es etwas, von dem du die Schnauze voll hast? Später im Leben kann das oft bspw. der Job sein, gewisse Dinge an deinem Partner, deiner Partnerin, mit denen du nicht zufrieden bist usw.

Unfälle

Du erinnerst dich an das Beispiel von Kai, der als Kind einen Fahrradunfall hatte?

Dieser Klient durchlebte später beim Kontakt mit Katzen sozusagen immer wieder seine Gehirnerschütterung von damals.

Eine ähnliche Situation könnte auch bei dir der Fall gewesen sein.

Wenn du all deine Symptome nun betrachtest: An was erinnern sie dich? Wann leidet man sonst noch, also abseits der Katzenallergie unter diesen Dingen?

Und dann: Begib dich in deinen Erinnerungen auf die Spurensuche!
Wo hast du als Kind etwas dazu Passendes erlebt?

Auch hier gilt wieder: Setze dich bitte nicht unter Druck! Falls dir nicht gleich ein Ereignis einfällt, so gibt einfach deinem Unterbewusstsein den Auftrag, dir in den kommenden Tagen die Erinnerung zu schicken und achte darauf, was passiert.

Hier ist Platz für deine Notizen:

_____

_____

_____

_____

_____

_____

_____

Epilog & Danksagung

Bedanken möchte ich mich zunächst bei dir, liebe Leserin, lieber Leser für die Lebenszeit, die du in die Arbeit mit diesem Buch und damit in dich investiert hast.

Ich wünsche mir sehr, dass dieses Buch deine Sicht auf Allergien verändert hat. Allergien sind nichts, was uns von außen „zufällig" und schicksalhaft ereilt, sondern es gibt einen logischen Zusammenhang dazu in unserem Unterbewusstsein. Wenn es gelingt, diesen logischen Zusammenhang zu finden und zu dekodieren, können deine Beschwerden verschwinden, denn es gibt ja dann für dein System keinen Grund mehr dazu.

Danke an alle lieben Menschen, die an der Entstehung dieses Buches mitgewirkt haben – Danke an meine Testleserinnen Michaela, Pia, Ulrike und Ursula.

Ich danke meinen Eltern dafür, dass sie mir das wertvollste Geschenk gemacht haben: Mein Leben. Ich danke euch für alle meine unbewussten Prägungen die mich letzten Endes dahin gebracht haben, wo ich heute stehe. Es ist für mich selbst manchmal noch unglaublich, was für ein phantastisches Leben ich mir dadurch in den vergangenen vier Jahren erschaffen durfte! Meine Welt hat sich komplett verändert und letzten Endes haben mich meine

Neurodermitis und alle meine unbewussten Programmierungen auf meinen Weg gebracht.

Mein ganz besonderer Dank gilt meinem Liebsten und Seelenpartner Volker! Danke, dass du immer für mich da warst und bist und schon an mich und meinen Weg geglaubt hast, noch bevor ich selbst es konnte!
Danke liebes Universum, dass du über unzählige „Zufälle" dafür gesorgt hast, dass sich unsere beiden Wege vor vielen Jahren kreuzten.

Zu guter Letzt möchte ich mich bei allen Klienten bedanken, die mir in den vergangenen Jahren ihr Vertrauen geschenkt haben und mit denen ich zusammen arbeiten durfte. Ihr habt einen großen Teil dazu beigetragen, dass dieses Buch überhaupt existiert.

DANKE, DANKE, DANKE!

Bestenfalls gelingt es dir mit diesem Buch, alleine die Ursache(n) für deine Allergie aufzulösen.

Falls sich Probleme auf deinem Weg zeigen und es dir alleine nicht gelingt, die Programmierung(en) herauszufinden, schreibe mir herzlich gerne eine E-Mail an

info@beschwerdefreiesleben.de

oder über meine Homepage

www.beschwerdefreiesleben.de

Ich wünsche dir alles Gute auf deinem weiteren Weg!

Herzlichst,
Judith Kockelmann

Weiterführende Literatur

Bauer, Joachim, *Warum ich fühle, was du fühlst. Intuitive Kommunikation und das Geheimnis der Spiegelneurone.*

Bode, Sabine, *Kriegsenkel. Die Erben der vergessenen Generation.*

Egli, René, *Das LOL²A-Prinzip.*

Frauenkron-Hoffmann, Angela, *Biologisches Dekodieren. So befreien Sie Ihr Kind.*

Frauenkron-Hoffmann, Angela, *1-2-3 Migränefrei durch biologisches Dekodieren.*

Hüther, Gerald, *Bedienungsanleitung für ein menschliches Gehirn.*

Hüther, Gerald, *Biologie der Angst.*

Lipton, Bruce, *Intelligente Zellen.* (als Buch und DVD erhältlich)

Loyd, Alex u.a., *Der Healing Code.*

Schützenberger, Anne A., *Oh meine Ahnen! Wie das Leben unserer Vorfahren in uns wiederkehrt.*

Zaruba, Barbara u.a., *Dem Leben wiedergegeben. Erfolgreiche Selbsttherapie bei Bewegungsstörungen wie Schlaganfall, Parkinson, MS und ähnlichen Erkrankungen.*

Das Wort **Invenias** ist die zweite Person Singular Präsens Konjunktiv aktiv vom lateinischen Verb *invenire*.

Invenire bedeutet übersetzt:

- entdecken
- finden
- auf etwas stoßen
- hingelangen

Invenias – Dein Weg in ein beschwerdefreies Leben

Praxis Invenias
www.beschwerdefreiesleben.de
info@beschwerdefreiesleben.de